Niños fantásticos

Ayudando a los demás

Elizabeth Anderson Lopez

Créditos de publicación

Rachelle Cracchiolo, M.S.Ed., *Editora comercial*
Conni Medina, M.A.Ed., *Gerente editorial*
Nika Fabienke, Ed.D., *Realizadora de la serie*
June Kikuchi, *Directora de contenido*
Caroline Gasca, M.S.Ed., *Editora*
John Leach, *Editor asistente*
Sam Morales, M.A., *Editor asistente*
Lee Aucoin, *Diseñadora gráfica superior*
Sandy Qadamani, *Diseñadora gráfica*

Créditos de imágenes: pág. 5 Trinity Mirror/Mirrorpix/Alamy Stock Photo; págs. 6, 8–9 cortesía de Khloe Kares; págs. 10–11, 12–13 cortesía de Hirth's Helping Hands; págs. 19, 21 cortesía de la Fundación Braden Aboud; págs. 22–23 fotografía por Brianna Foster; pág. 25 Owen Hoffmann/Patrick McMullan mediante Getty Images; págs. 26–27 Rancho Coastal Humane Society; todas las demás imágenes de iStock y/o Shutterstock.

Teacher Created Materials
5301 Oceanus Drive
Huntington Beach, CA 92649-1030
http://www.tcmpub.com

ISBN 978-1-4258-2709-0

Contenido

Hacer un mundo mejor

¿Alguna vez tuviste un mal día y después ayudaste a alguien? Es probable que te haya hecho sentir mejor. Hacer algo bueno por los demás nos hace sentir bien. Y la ayuda que brindamos a los demás puede mejorar sus vidas.

Conocerás a cinco niños fantásticos que se sienten bien a menudo. Se debe a que hacen **trabajo voluntario** para hacer un mundo mejor. Encontraron maneras especiales de ayudar a los necesitados. ¡Lo hacen en su propia ciudad!

Palabras sabias

Audrey Hepburn fue una actriz famosa. Ayudaba a niños de todo el mundo. Solía decir que hay una razón por la cual las personas tienen dos manos. Una mano es para ayudarse a uno mismo. Y la otra es para ayudar a los demás.

Ayudar a las personas sin hogar

La estudiante de nueve años Khloe Thompson vive en California. Vio que en un parque cercano a su escuela vivían personas. Se preguntó si podía hacer algo para ayudarlas.

Khloe Thompson

Habló con su mamá. Se les ocurrió un plan. Las personas sin hogar no suelen tener **acceso** a una ducha. Entonces Khloe armó bolsas de higiene personal. Puso jabón, **desodorante**, pasta de dientes, un cepillo de dientes y otros productos en una bolsa plástica.

Demasiadas personas sin hogar

De acuerdo con una encuesta, hay alrededor de 100 millones de personas sin hogar en el mundo. Y no solo son adultos. Muchos tienen 18 años o menos.

Algo más resistente

Khloe sabía que las bolsas de plástico no eran resistentes. Pensó qué podía usar para reemplazarlas. ¿Quién podría ayudarla? No tuvo que buscar lejos. Su abuela cosía ropa para otras personas. Esto significaba que le sobraba mucha tela. Khloe pidió a su abuela que la ayudara a coser bolsas. Ahora, las personas sin hogar que ella ayuda tienen algo resistente y bonito para guardar sus objetos.

Khloe quería hacer todavía algo más. Creó una **organización benéfica** llamada Khloe Kares que recibe objetos para sus bolsas de higiene personal. ¡Khloe es la prueba de que un niño puede marcar una gran diferencia!

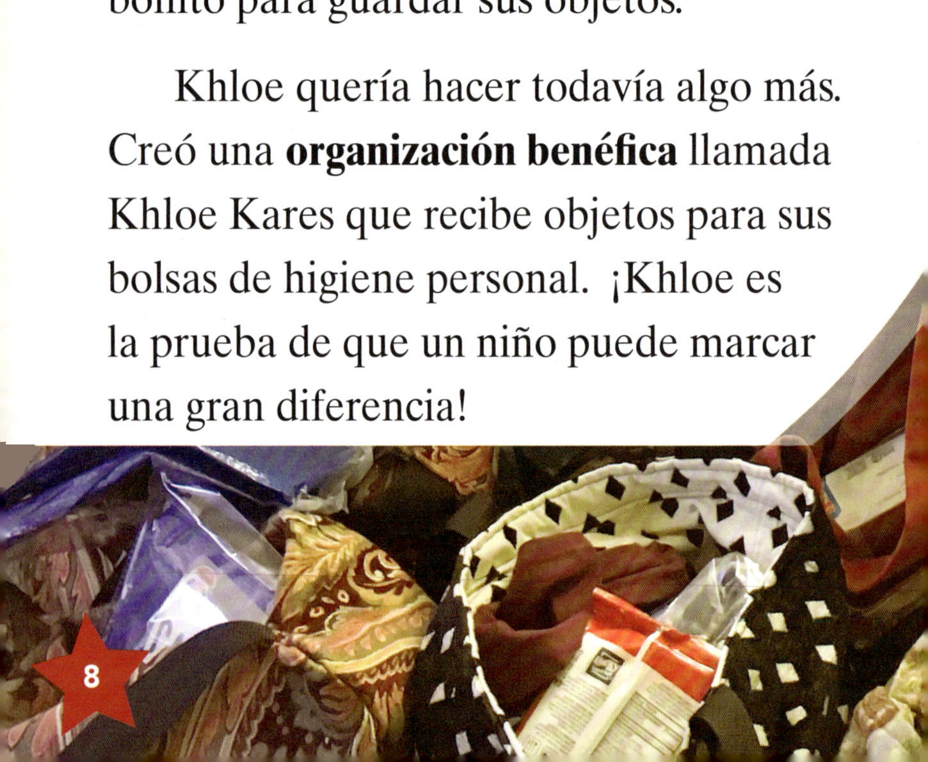

Juguetes todo el año

Hay muchos grupos que recolectan juguetes. Pero suelen hacerlo solo durante las festividades. Se pueden **donar** juguetes en cualquier momento. Piensa en qué lugar puedes dar juguetes nuevos o usados.

Cambiar un juguete por alegría

Dylan Hirth demuestra que ayudar a los demás puede ser divertido. Transformó uno de sus pasatiempos en una manera de ayudar a niños enfermos. A Dylan le gusta el cubo de Rubik. Y este niño de 12 años lo resuelve muy bien. De hecho, ¡puede hacerlo en 37 segundos!

Su pasatiempo le dio la idea de donar cubos a los niños en el Children's Mercy Hospital. Está cerca de su casa en Saint Louis, Misuri. En un principio, ahorraba el dinero que ganaba por hacer quehaceres domésticos para comprar los cubos. Cortaba el césped, cuidaba niños y limpiaba las necesidades de los perros.

Dylan Hirth

Hospitales para niños

En muchos aspectos, los hospitales de niños son iguales a otros hospitales. Hay enfermeros, máquinas y mucho instrumental sofisticado. Pero solo se atiende a niños. Todos los médicos y enfermeros están especialmente capacitados para tratar con niños.

Los cubos curan el aburrimiento

Después de recaudar dinero por sí solo, Dylan creó una organización benéfica. La llamó Kubes 4 Kidz. Así otras personas podrían donar dinero. Alguien donó $260. ¡Alcanzó para 27 cubos! Dylan utiliza el dinero para comprar los juguetes en línea.

Estar en un hospital puede ser estresante, especialmente para quienes están durante mucho tiempo. Además, los niños que no pueden levantarse de la cama se aburren. Armar estos rompecabezas en forma de cubo es divertido. Es una oportunidad de ser creativo. Tú también puedes ser creativo. ¡Piensa qué te gusta hacer que sirva para ayudar a los demás!

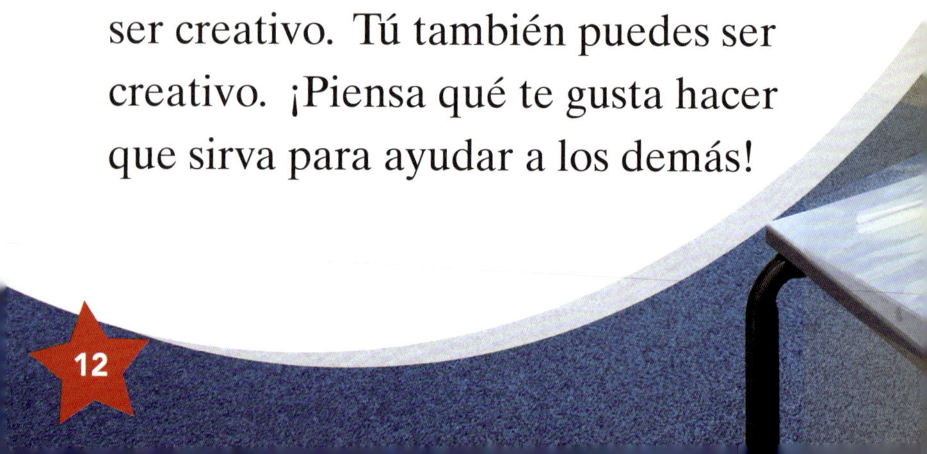

Un cubo con muchos cubos

El cubo de Rubik original tiene seis caras y un total de 27 cubos pequeños. En un comienzo se lo llamó "cubo mágico". Usarlo para que los niños estén felices es bastante mágico, ¿no te parece?

Dylan empaca cubos para llevar al Children's Mercy Hospital.

Crear una biblioteca

Cuando quieres leer, ¿tienes muchos libros para elegir? ¡Encontrar el libro perfecto es divertido! Pero hay muchas personas que no pueden comprar libros.

Maria Clara es una de esas personas. Vive en un pueblo de Brasil llamado Serrote. Las personas que viven en su pueblo son pobres. Demasiado pobres como para comprar libros. Algunos ni siquiera saben leer muy bien.

Esto **inspiró** a Maria. Se le ocurrió una idea para que los habitantes de Serrote tuvieran acceso a muchos libros. En algunos vecindarios hay dos o tres bibliotecas. Sin embargo, en la zona de Maria no había ninguna.

Mucho material gratuito

¿Has visitado la biblioteca de tu zona? Puedes tomar prestados libros, revistas e incluso películas. Y es todo gratis, ¡siempre que devuelvas el material a tiempo!

Más allá de los libros

Maria creó una biblioteca. Ella tenía solo 12 años. Se llama Biblioteca Amigos de la lectura. Demuestra que los niños pueden hacer grandes cosas. Ella sabe que la lectura es importante. Quería que las personas de su pueblo leyeran mejor. Se donaron suficientes libros como para abrir la biblioteca. Ahora muchos habitantes de su pueblo pueden aprender a leer. Maria vio un problema y trabajó para resolverlo.

La lectura de carteles

Imagina que estás jugando fuera de casa y ves un cartel donde dice: "Peligro: No pasar". ¿Qué pasaría si no pudieras leer ese cartel? Saber leer sirve para explorar el mundo de manera segura.

¡Cuentos y patas!

Humane Society of Missouri tiene un programa divertido. Los niños leen libros en voz alta a perros de refugios. Los niños practican la lectura y los perros reciben atención. ¡Una situación beneficiosa para ambas partes!

El mejor paso

"Es mejor dar que recibir". ¿Has escuchado este refrán? ¡Seguro que Drew Frank sí! En honor a su decimotercer cumpleaños, la familia de Drew organizó un bar mitzvá. Las personas suelen hacer regalos, pero Drew no quiso ninguno. Pidió dinero. Pero no lo quería para él. Quería comprar zapatos para quienes no podían hacerlo.

Drew recibió mucho dinero. ¡Sus regalos sumaron más de $25,000! ¡Usó ese dinero para comprar 800 pares de calzado deportivo y calcetines!

¿Qué es un bar mitzvá?

En la religión judía, los niños y las niñas se convierten en adultos alrededor de los 13 años. Es tradición marcar este cambio importante con un servicio religioso. El de los varones se llama bar mitzvá y el de las niñas, bat mitzvá. Este evento implica mucho esfuerzo. A menudo después hay una fiesta. Celebran su gran esfuerzo.

Drew Frank (en muletas) donó dinero. Se usó para comprar zapatos para estudiantes.

Al que le quepa

Drew es de El Paso, Texas. Donó el dinero a la Fundación Conmemorativa Braden Aboud. Este grupo donó calcetines y calzado deportivo a tres grupos. La mitad del calzado fue para un **orfanato** y un centro para mujeres y niños. El resto se entregó a estudiantes de una escuela primaria. Todas las personas que recibieron calzado viven en la misma ciudad que Drew.

Drew dijo que no necesitaba regalos. Ya tenía muchos juguetes. Solo quería ayudar a los demás. ¡Y ahora hay 800 personas con calzado nuevo! No lo hizo para que le dieran las gracias. Pero igualmente recibió el agradecimiento con carteles.

Drew Frank

Una buena fundación

Drew trabajó junto a la Fundación Conmemorativa Braden Aboud. Este grupo ha ayudado a niños de El Paso desde 2007. Su objetivo es ayudarlos a aprender y a estar saludables. Recauda dinero para calzado, cobijas y fondos para la universidad.

Amiga de los animales

Willow Phelps ha ayudado a personas y animales desde hace muchos años. ¡Y solo tiene nueve años! A Willow le encantan los animales. Comprende el lazo que une a las personas con sus mascotas.

Willow vive en Nueva Jersey. Usó su amor por los animales para ayudar a personas sin hogar. Cosió juguetes para gatos. Colocó una etiqueta en cada juguete, en la que informaba sobre grupos de ayuda a las personas sin hogar. Compró calcetines para los necesitados con el dinero que ganó vendiendo sus juguetes para gatos. También compró sacos de dormir y abrigos.

Willow Phelps

Acogida de animales

¿Sabías que las personas pueden acoger perros y gatos en su casa? Los refugios para animales se llenan demasiado. De esta manera se les brinda un lugar para vivir hasta que encuentran su hogar definitivo.

Ayudar es su única recompensa

A Willow le gusta ayudar a los demás. No lo hace para recibir un premio. Pero causa una buena impresión en muchas personas. La ASPCA® la homenajeó por todo su esfuerzo. En 2016, recibió el premio Tommy P. Monahan de ASPCA como Niña del Año.

Willow trabaja en un refugio de su zona. ¡En una ocasión, nadó una milla en una obra benéfica para ayudar a un gatito! Recaudó fondos para pagar la cirugía de una pata del animal. A Willow le importan todos los animales. ¡Ayudó incluso a chimpancés y orcas!

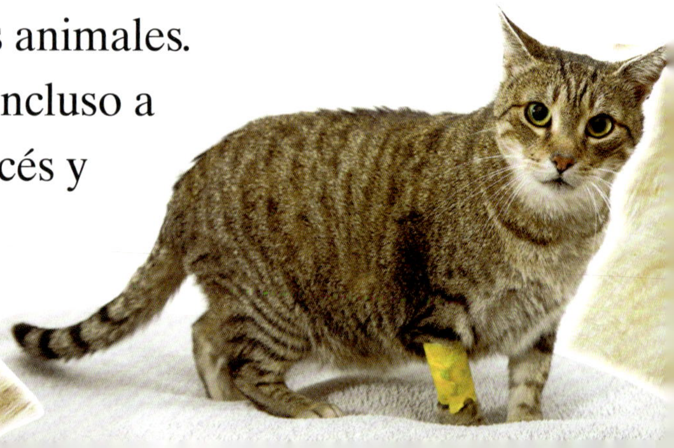

Acerca de Tommy P. Monahan

En 2007, Tommy tenía nueve años. Su casa se incendió. Falleció al intentar rescatar a sus mascotas. La ASPCA creó el premio Niño del Año en honor a Tommy y su amor por los animales.

Es tu turno

Estos niños fantásticos han demostrado que ayudar a los demás puede ser fácil. Ahora es tu turno. Trabaja como voluntario en un refugio de animales o busca la manera de ayudar a las personas sin hogar. ¿Tienes ropa o juguetes que ya no utilizas? Dónalos. Estas acciones no cuestan dinero y mejoran la vida de alguien, ya sea una persona o un animal.

No es necesario que soluciones todos los problemas del mundo. Incluso las acciones más pequeñas pueden tener un gran impacto. Un poco de esfuerzo puede cambiar tu lugar en el mundo.

Ayuda a los demás y ayúdate a ti mismo

Cuando ayudas a los demás te conviertes en mejor persona. Quienes contribuyen suelen aprender habilidades para ser líderes y tienen un gran respeto hacia los demás. Esas habilidades te acompañan toda tu vida.

Glosario

acceso: posibilidad de uso

desodorante: algo que utilizan las personas para disimular el olor corporal

donar: dar dinero u objetos a una organización benéfica o a un individuo

inspiró: hizo que alguien actuara

orfanato: hogar grupal para huérfanos, niños cuyos padres murieron o no son capaces de criarlos

organización benéfica: organización que ayuda a personas necesitadas y recauda dinero para este fin

trabajo voluntario: donar tiempo para ayudar a alguien o a una organización

Índice

¡Échale un vistazo!

Libros

De la Peña, Matt. 2016. *Última parada de la calle Market*. Editorial Corimbo.

Rodgers, Kelly. 2016. *Haz tu parte: Servicio a la comunidad*. Teacher Created Materials.

Páginas web

www.ASPCA.org.

www.khloekares.com.

www.freedomservicedogs.org.

www.un.org/sustainable development/es/takeaction/.

¡Inténtalo!

Has leído sobre niños que crearon organizaciones benéficas. ¡Ahora es tu turno! Crea una organización benéfica o busca una forma de ayudar a los demás. Tal vez quieras ayudar a los animales, a las personas sin hogar o a los niños necesitados.

- ¿Qué harás o venderás para ayudar a otros?
- ¿Cómo harás que se corra la voz sobre tu organización benéfica?
- Escribe una declaración de objetivos para tu organización benéfica. Debe tener dos o tres oraciones que sirvan para explicar de qué se ocupa.

Acerca de la autora

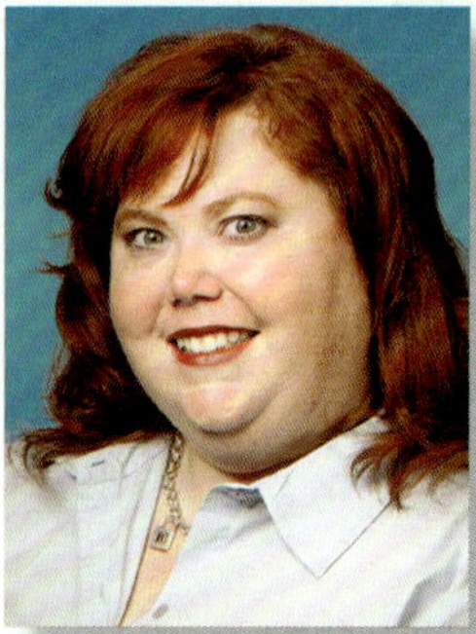

Elizabeth Anderson Lopez vive en California con su marido y muchas mascotas. ¡Tienen un loro, una tortuga y siete gallinas! También adoptaron un perro. Lopez dona ropa y otros objetos a organizaciones benéficas. ¡También limpia las necesidades de todas esas mascotas!